The One Minute Mother
好妈妈的一分钟

〔美〕斯宾塞·约翰逊 著　周晶 译
Spencer Johnson

南海出版公司

新经典文化股份有限公司
www.readinglife.com
出 品

献给我的母亲和我的孩子 爱默生和卡梅伦

目录 Contents

给母亲们的一封信 1

怎样教出好孩子 5

第一课 教会孩子自觉自律 20
第二课 培养孩子的责任心 36
第三课 提高孩子的挫折忍受力 53

为什么一分钟方法会有效 69

让孩子喜欢上自己 77
让孩子主动做对的事情 86
让孩子愿意承担责任 101

新的一分钟母亲 117

给母亲们的一封信

各位母亲：

　　想必你从自身经验中就已知道，当一个好母亲不是短短一分钟就能做到的事。

　　不过，有一些方法可以使你与孩子更好沟通——只需要短短一分钟——就能很快帮助孩子喜欢上他们自己，然后心甘情愿地做个好孩子。

　　实际上这些方法非常简单，以至于你很难相信它们真的有效。

　　不过，看过这本书后，你或许可以像其他父母那样，认真研读书中介绍的三种沟通技巧，并在你的家庭中实践一个月，然后再对它们下结论。

　　看看你的孩子在行为举止上有没有进步，问问他们对自己发生的变化有什么感受。那时，你就可以判断这些方法是否有效了。

　　我敢说，你会得到跟我和其他务实的家长们同样的结论：不论从孩子，还是从家长的角度来说，这些方法都确实有效！

斯宾塞·约翰逊博士

1

怎样教出好孩子

一位聪明的年轻女士正在寻找一位母亲——能够培养出好孩子的母亲。

她知道，只有向那样的母亲学习，才能了解到教育孩子的奥妙。

这位女士已经怀孕了。而她和丈夫发现，很快就要迎来一个新生命的同时，没有人教过他们如何为人父母。

他们决定用各自的方式去学习。

年轻女士请了产假。在待产期间，她向许多母亲求教过育儿之道。

这些母亲中有少妇，也有老妇人；有传统的家庭主妇，也有上班族；有的养育着很多孩子，也有的只有一个孩子；有为人妻者，也有单身妈妈；她们的孩子有咿呀学语的幼儿，也有十几岁的青少年；有些母亲把教育孩子看得非常严肃，也有人始终保持着轻松的态度。

她发现这些母亲教育孩子的方法有很大的差异。

也看得出，她们对孩子都十分关心，想要努力成为好母亲。

然而，她也常常看到所有人都不愿见到的事情，那就是失败的教育所带来的后果：孩子叛逆、漠然的眼神，父母的痛心和烦恼。这都让她非常难受。

但她知道，一定有更好的方法来教育孩子。

成功的教育可以让家庭充满爱、安宁和欢乐——父母和孩子都能感受到这一切。

她决心找到更好的方法。

她见过许多看起来很"严厉"的母亲，她们对孩子的要求非常严格。因此一些人认为她们是非常称职的好母亲。

可她们的孩子却不这么看。

登门拜访的时候，她问这些"严厉"的母亲："你觉得你是一位怎样的家长？"

回答大同小异。

"我是个保守的家长。""我是老派的家长。""我很传统。"

言语中流露出自豪和对培养孩子良好行为的重视。

她还见到了一些看上去很"温和"的母亲，她们似乎总是把孩子的感受放在首位，非常理解孩子，非常富有同情心，因此有一些人认为她们是非常好的母亲。

然而，她们的孩子也有不同的看法。

她向这些"温和"的母亲提出同样的问题："你觉得你是哪种类型的家长？"

得到的回答是："我是个现代的家长。""我很理解孩子。""我总是支持孩子。"

她听出了她们声音里的自豪和对培养孩子自尊的重视。

可她还是不明白。

似乎大多数母亲要么只关心孩子的行为，要么只关心孩子的自尊，而不能两者兼顾。

注重培养孩子良好行为的母亲，常常被视为"独裁"，而那些更关心培养孩子自尊心的母亲，则被称为"纵容"的家长。

年轻女士觉得这两种家长——独裁的和纵容的——

都只实现了教育孩子的部分目标。

她知道，这些母亲都已经尽力了，只是不知道还有别的办法。"但是，"她想，"这样似乎只能算半个好母亲。"

于是，她继续向周围的其他母亲求教，但仍然没有找到想要的答案。

要不是很清楚自己想要什么，她可能早就放弃寻觅成为好母亲的办法了。这一点是她特别的优势。

后来她告诉丈夫："一个真正懂得教育孩子的母亲应该精通各种方法，应该知道如何让孩子同时学会自尊和自律。

"最重要的是，她知道如何从教育孩子的过程中得到乐趣。"

后来，在与其他母亲的交谈中，她听到了一些关于一位乐观幽默的老妇人的精彩故事，这位妇人虽然年纪很大了，但仍快乐地享受着生活，而且总是有时间做各种各样的事情。

最让她感兴趣的是，这位老妇人还是一位很特别的母亲——有一套简单而有效的教育方法。

听说这位老妇人轻轻松松地培养出了三个出色的女

儿。每个孩子成年后都举止得体、成功而快乐。

现在，老妇人的三个女儿都有了自己的孩子，也在用同样的教育方法，效果非常好。

她不确定这些故事是不是真的。即使是真的，也不知道这位老妇人是否愿意把教育孩子的诀窍传授给自己。

她给老妇人打了一个电话。

"听说您有一套行之有效的教育方法，我可以跟您谈谈吗？"

"当然可以，"老妇人回答，"我很荣幸。随时欢迎你到我家来。"

来到老妇人的家，年轻女士本以为会见到一位"老奶奶"，而迎接她的却是一位充满活力的迷人女性，看上去比实际年龄年轻得多。对此行充满期待的年轻女士不禁好奇："这会不会跟她教育孩子的方法有关系呢？"

她们舒舒服服地喝了杯茶后，老妇人问："说说看，我能帮你什么？"

年轻女士犹豫了一下，说："我知道您把您的孩子们教育得非常出色，用一种很特别的方法。"

老妇人笑了笑:"我为我的孩子们感到自豪。她们都长成了快乐而能干的年轻人。"

年轻女士稍稍放松了一些,拿出笔记本,问:"我可以做笔记吗?"

老妇人笑了起来,说:"当然可以。不过,你要知道,对教育孩子这个问题,我并不是无所不知,而我也并不是一位完美的母亲。

"我只是学会了几个小窍门,"老妇人说,"不过它们确实让我们的生活有了很大改观。"

年轻女士非常想知道那些诀窍。"或许我们可以从管教孩子说起,"她建议,"很多家长都说管孩子很困难。您是怎么管教孩子的?"

"我根本不管她们。"老妇人回答。

年轻女士十分惊讶,"什么?"

老妇人微笑着说:"我真的不会去管教孩子,我只是帮助她们学会自律。

"这样一来,"老妇人自信地点点头,"教育孩子就不那么辛苦了。"

"哦,这么说您是个很宽容的家长。"年轻女士说。

"不，我不算是宽容的家长，"老妇人说，"我只是相信，教育孩子的方法不应该让人筋疲力尽。恐怕那些过分宽容的家长会把孩子宠得无法无天。"

年轻女士想表现自己也懂得不少，于是说："那么您也认为培养孩子的良好行为很重要，比起自尊心，您更看重孩子的行为对吗？"

老妇人向前探了探身，轻声说："这种说法我听得太多了。孩子的行为和自尊哪个应该摆在第一位，就好像问先有鸡还是先有蛋一样。

"虽然许多人都觉得教育孩子是一件非常复杂的事，"老妇人说，"可实际上，基本方法是很简单的。"

老妇人起身走到书桌前，拿起一件东西，转过身来。"看看这个。"她递给年轻女士一个牌子。

"孩子们小的时候，我总是把这个放在身边，来提醒自己教育孩子的最基本道理。"

自爱的孩子
会主动自律

"一旦知道了这个简单的道理,"老妇人说,"跟孩子打交道就容易多了。"

年轻女士问:"这句话真的那么重要吗?"

老妇人笑了笑,说:"这是我教育孩子所有方法的基础。它可以决定一个家庭是幸福还是不幸。"

接着,她让年轻女士自己体会其中的道理。"检验真理的最好途径就是自问:'这是否符合我的生活经验?'

"想想你自己的童年,"老妇人轻声鼓励,"然后问自己:'我在什么时候表现得最好,是在对自己很满意的时候,还是在自我感觉很差的时候?'"

年轻女士点了点头,开始明白了。"现在想想,"她说,"我在自我感觉良好的时候表现得最好。"

"当然!"老妇人高兴地大声说,"我们都是这样的。"

年轻女士站起身,把牌子放回书桌,然后站着沉思了一会儿。

"这么说,"她开口道,"帮助孩子获得良好的自我感觉是培养他们良好行为的关键,您是想说明这一点吗?"

"没错,"老妇人回答,"这样做的好处是,如果你帮孩子们获得了良好的自我感觉,他们就会用良好的表现来回报你。"

年轻女士越听越感兴趣,她问老妇人:"您说您不喜欢纵容孩子。那么您如何看待自己呢?"

"很简单,"老妇人微笑着说,"我是一位'一分钟母亲'。"

年轻女士的脸上流露出惊讶的神色。她显然没有听说过"一分钟母亲"这种称呼,她疑惑地问:"您说您是什么?"

老妇人笑了起来:"我的孩子们就是这样叫我的。当然,我也知道,要当个好母亲,一分钟是远远不够的。

"重要的是,一分钟母亲这个说法,可以让我时时记住与孩子沟通的三种方法。每一种方法都只需要一分钟左右。这三种简单的沟通方法确实帮我的孩子们学会了如何喜欢他们自己,以及如何自律。"

"听起来太神奇了,简直让人难以置信!"年轻女士惊讶地说。

"我知道,"老妇人笑了笑,"很多年前,我第一次遇到那位家长的时候也有这种感觉。人们都叫他'一分钟父亲'。就是他把这三种一分钟沟通诀窍告诉给我的。

"我试过之后,发现真的非常有效。不过,我在实践时还体会到,母亲和父亲的情况稍有不同,"老妇人说,"所以我进行了一些小改动,好让它们更适合我。"

"您是说父亲也可以用这三种方法来教育孩子,"年轻女士说,"只不过具体做法稍有区别。"

"是的。"老妇人肯定地说。

年轻女士说:"我丈夫肯定也很愿意听听这些方法。他一直都在看书和向别人讨教,想找到成为好父亲的方法。"

她笑了笑,补充说:"我想您也猜出来了,这是我们的第一个孩子。"

"我希望你不要通过盲目尝试和体验失败来学习,"老妇人说,"就像我当初那样。

"我最后才明白,教育孩子的好方法不一定是复杂的。我从自己的经历中发现,真正有效的好方法是简单而有趣的——对家长和孩子都是这样。"

年轻女士很兴奋。这正是她要找的东西!她激动地问:"这三个方法是什么?"

"你不如去跟我的孩子们谈谈。她们比任何人都清楚拥有一位一分钟母亲究竟是好是坏。"

老妇人在年轻女士的笔记本上写了些字。"这是她们的名字和电话号码。"

"谢谢您,"年轻女士说,"我很期待跟您女儿们谈谈。

"不过,在告辞之前,我可不可以再问一个问题?

"您刚才说这些方法是您的'诀窍',那是不是说,您是在孩子们不知情的情况下使用这三种方法的?"

"不,恰恰相反。说它们是诀窍,只是为了满足我那干巴巴的幽默感。这些沟通诀窍其实大多数人都知道,只是很少有人真正把它们付诸实践,所以大家才会觉得它们像某种诀窍。

"而当我们作为家长,把自己明白的道理付诸实践后,这些方法的好处才能真正体现出来。

"我并没有向孩子们隐瞒什么,"老妇人说,"就像我们从自己的经历中体会到的那样,当你坦诚地对待别人时,事情往往进行得最顺利。因为那样可以避免很多问题。

"我告诉我的孩子们,我不想命令她们做什么事,也不想被她们命令。我其实是在告诉她们:'我既不想当独裁者,也不想任人摆布。'

"我在使用那三种方法之前,向孩子们详细地说明了一遍。我把它们描述得非常简单。

"然后,我鼓励孩子们也用这三种方法跟我沟通。"

"克服了不少困难后,我终于明白,"她补充说,"跟孩子们沟通就好像在双向车道上开车:两个方向都畅通时整个道路才能顺畅。"

"所以,你在学习这三种方法时,要记住,"老妇人提醒说,"只有当你平等地对待孩子、鼓励他们积极地把自己的想法和感受告诉你时,这些方法的功效才能最大程度地发挥出来。"

"谢谢,"年轻女士回答,"我会的。"她跟老妇人握手道别后离开了。

年轻女士坐在车里把自己的笔记浏览了一遍,看到了老妇人写下的她的三个女儿的名字:帕特丽夏·加文、苏珊·桑德斯和伊丽莎白·富兰克林。她非常想跟她们谈谈。

第一课　教会孩子自觉自律

当天晚上，她拜访了加文一家。威廉和帕特丽夏夫妇有三个孩子——大儿子十六岁，二儿子十二岁，小女儿九岁，他们都非常欢迎她的到来。

她进门的时候，孩子们正开心地打着电子游戏，他们的父亲则同样兴奋地在给他们当裁判。

帕特丽夏向年轻女士介绍了每一个家庭成员，然后父亲带着孩子们离开了房间，让两位女士能够安静地聊天。

帕特丽夏·加文看起来很精神，而且非常放松。和她母亲一样，她似乎对自己非常满意，而且她看起来比实际年龄要年轻。

"我知道你去找过我妈妈，"帕特丽夏说，"她是个非常出色的女人，不是吗？"

"说实话,加文太太,"年轻女士回答,"我跟她相处的时间不长。"

"请叫我帕特好了,"帕特说,"我母亲真的很了不起!她跟你说起过一分钟母亲吗?"

"说起过。那不是真的吧?我是说,她提醒我,要当个好母亲只用一分钟是远远不够的。不过,她真的只用这么短的时间就把你们教育得很好吗?"

"她确实没花多长时间,"帕特肯定地说,"我知道你找我之后,还会去找我的两个姐姐。"

她笑了笑,说:"所以,还是让你自己来判断吧。"

年轻女士很赞赏帕特的做法,她没有试图把想法"强加于人"。年轻女士问:"你觉得你从你母亲那里得到的时间够多吗?"

帕特想了想,说:"我记得父亲去世的时候,我们姐妹三个都还很小,母亲不得不出去工作以维持生计。我们都想多些时间跟她在一起,但实际上不可能。"

她接着说:"尽管如此,我当时还是感到从母亲那儿得到了足够多的时间。我记得最清楚的就是,和她一起的时候,我总是觉得自己很特别。"

"你能举个例子吗?她是怎么让你感觉自己很特别的?"年轻女士问。

"当然可以。比如,每当我学习新东西的时候,她总是让我觉得自己很能干。"

"她是怎么做到的呢?"年轻女士问。

"首先,"帕特说,"她会在餐桌旁坐下来,和我一起设定'一分钟目标'。"

"设定'一分钟目标'?"年轻女士不解地问,"你母亲告诉我她是一位一分钟母亲,但是没提起过一分钟目标呀。那究竟是什么?"

"这是一分钟教育的三个诀窍中的第一个。"帕特回答。

"三个诀窍?"

"是的,"帕特说,"设定一分钟目标是第一个诀窍,也是一分钟教育的基础。

"遗憾的是,很多家长都不知道它的重要性。如果你分别问一个家庭中的父母和孩子他们的目标是什么,然后比较他们的答案,你认为结果会怎么样?"

年轻女士笑了起来:"帕特,就我所知,如果孩子的目标跟父母的一样,那恐怕只是巧合。"

"当然,"帕特说,"如果人们不清楚家里其他人想要什么,难免就会出现这样的问题。"

年轻女士点了点头。她想起了自己的童年。记忆里,这种情况经常出现,而且每次都让她非常难过。她问帕特:"你家发生过这样的事情吗?"

"基本上没有。一分钟母亲会帮助孩子们弄清楚他们的目标。"

她又补充说:"我母亲最了不起的一点就是,她让我也成了一位一分钟母亲。"

这正是年轻女士想知道的,于是问道:"她是怎么做到的?"

"效率。"帕特微笑着回答。

然后,她开始解释。

"首先,我们会设定一分钟目标。这非常简单,就是先想清楚我们希望家是什么样子,然后把这些愿望写在一张纸上,不要超过二百五十个字。"

"需要把目标写下来?"

"是的,"帕特回答,"这很重要。把目标写下来的人比不写的人更容易实现他们的目标。"

"我明白了,"年轻女士一边做笔记,一边问,"但是为什么一定不能超过二百五十个字,而且要写在单独的一张纸上呢?"

"这样我们就可以用一分钟来反复重温我们的目标了。"

"为什么这一点这么重要?"年轻女士问。

"因为重温一遍目标所用的时间越短,这样做的次数就会越多,"帕特解释说,"而越是经常重温,目标就越容易印入我们的思维中,最后成为家庭生活中固定的部分。"

年轻女士在笔记本上写下:因为重温这些目标只需要一分钟,所以称之为"一分钟目标"。她边写边问:"你能举个具体的例子吗?"

"可以。目标分为两种:'我们的目标'和'我的目标'。'我们的目标'是两个或更多家庭成员共同的目标。而'我的目标'则是每个家庭成员各自的目标。

"比如,几年前,我的儿子比尔总是不愿意按时上床睡觉,这让我们非常头疼。他每天晚上都又哭又叫,闹得不可开交。"

"那你们怎么办？"

"一天晚上，我和丈夫还有比尔一起，花了一个小时商量这件事。我们在两件事情上达成了一致：首先，我们晚上要过得愉快；其次，大家第二天早上起床后要感觉休息得很好。这成了'我们的目标'。

"比尔当时还很小，"帕特解释说，"为了把目标写下来，我们帮比尔画了两幅画，一幅是晚上，有一张笑脸和一张睡着的脸；另一幅是早上，有一张笑脸。我们鼓励比尔每天晚饭后都看看这两幅画。

"之后，我们又一起商量好一个计划，由我写了下来。在开始的几天里，我们都会在晚上把计划读给比尔听，只需要一分钟：星期一到星期五要晚上七点半上床；他可以开着灯看书，或者做他喜欢的事，直到八点；我们给他上了闹钟，早上要他痛痛快快地按时起床；周末他可以晚睡两个小时，但是如果他第二天需要早起，就要按平时的时间上床睡觉。"

"这样做有效吗？"年轻女士问。

"通常都是有效的，"帕特回答，"比尔觉得自己参与决定了这件事，因此认为这个决定是公平的。"

"如果这么做不管用你会怎么办？"

"那就要运用第三个诀窍了，"帕特微笑着说，"我们以后会谈到。"

"好吧，"年轻女士尽量忍住好奇心，"如果这算是一个'我们的目标'，那你能不能再举个例子，说说'我的目标'？"

"让我们问问比尔好了，"帕特回答，"和我们用画画的方式为他写下目标的时候相比，他已经长大很多了。"她离开了一会儿，把儿子带了过来。

这个十二岁的男孩跟年轻女士打了个招呼，然后把自己列出的目标拿给年轻女士看。他的目标有两个：一、努力工作，挣到一百五十美元，在二月二日有足够的钱去参加学校的滑雪旅行；二、每天至少用三十分钟学数学，在五月五日的数学考试中得到 B。

年轻女士问男孩："你喜欢把自己的目标写下来吗？"

"开始的时候不喜欢，"男孩回答，"我觉得那是在浪费时间。不过，现在当我真的希望实现什么目标的时候，就想把它们写下来。"

"为什么你现在喜欢把目标写下来了呢?"

他笑了起来:"因为这样做可以帮助我得到想要的东西!"男孩和年轻女士聊了起来。他们很喜欢对方。过了一会儿,他离开了房间。

年轻女士对男孩的母亲说:"我不明白的是,你们为什么要把目标写得好像已经实现了似的?"

"还记得吗?我说过'目标是我们希望实现的愿望',"帕特回答,"在我们家,每个人都会先在头脑中想象出目标实现后的情形。

"把目标写得好像已经实现一样,其实是一个很多成功者在生活中都使用过的秘诀。而我们也发现这样做确实有效!

"大多数时候,我们都能实现自己的目标。"

"我不知道自己是不是听明白了,"年轻女士说,"你们把自己希望发生的事情写下来,其中包括你们为实现目标要采取的具体行动和希望实现的时间。之后,你们经常重温这些目标。"

"没错。我们发现,越是经常把自己的目标写下来,并反复温习,就越有可能实现。"

"实际上,"帕特补充说,"为了互相帮助,我们每个人都有一份其他人的目标。"

"那不是要写很多张纸?"

"不,不用,"帕特肯定地说,"就像我母亲以前常跟我说的那样,我们做的事情当中只有20%能得到期望成果的80%。所以,在我们家,大家只为最重要的20%的事情设定目标。当然,遇到特殊情况时,我们也会为自己设定一个特殊的一分钟目标。但是,我们的目标总是能在一张纸上写完。"

"听起来这是一种很高效的方法,"年轻女士说,"我想我知道设定一分钟目标的重要性了。它似乎可以避免发生意外——家里的每一个人都知道什么东西对其他人来说很重要。"

"一点儿不错。"帕特说。

"你是不是觉得,你的孩子们都知道如何去执行大家的决定呢?"年轻女士问。

"不,我从不那样假设,"帕特回答,"在孩子们明白自己有责任自律之后,我就会让他们知道什么是好的行为。"

"你能举个例子吗?"

"比如说,如果他们的职责中有整理自己的房间这一项,其中包括整理自己的床,那么我就先给他们示范一遍如何整理床,而且会做得非常慢非常仔细。"

"这会不会很花时间?"年轻女士好奇地问。

"只是在开始的时候会花些时间,"帕特回答,"但是投入这些时间却可以给我带来丰厚的回报。让孩子们看到一件事应该怎么做、达到怎样的标准,其实是在帮助他们避免犯错。"

"你是说,这样可以防止日后总要去'收拾残局'?"

"确实有这个作用,"帕特回答,"但也不完全如此。小点儿的孩子有时还是需要大人提醒他们应该做什么的。"

年轻女士想了想,问:"你刚才说,一个人最重要的20%的行为会带来他所希望的80%的结果。你怎么知道这最重要的20%是什么?"

帕特站起身,一边在客厅里慢慢踱步,一边问年轻女士:"你想不想再来点儿什么吃的或喝的?"年轻女士礼貌地说"不了,谢谢",帕特又继续踱步。她显然陷入了沉思,年轻女士提出的问题似乎也是她最近常常思考的问题。

"你的问题非常好。你只要问一问自己'现在什么最重要',就可以找到答案了。"

"我以前常常列出一长串要做的事情,"帕特说,"也总是觉得沮丧,因为这些事情似乎怎么也做不完。

"现在,我发现只要用一个简单的方法,就可以知道自己应该做哪些事。我会问自己——'现在什么事情最重要?'——来帮助自己计划一天、一个星期、一个月、一年,或一段时间里要做的事情。然后,再用另一个问题——'我有没有做好最重要的事情?'——来检讨自己在这段时间所做的事。"

年轻女士非常感兴趣,说:"如果你第一天没有把重要的事情做完,那么你就会很清楚第二天应该做什么。如果你在当天就把所有重要的事情都做完了,那么做不做其他的事情也都无关紧要了。"

"非常正确。"帕特回答。

"这一切最终归结为设定一分钟目标。"她又补充说,"实际上,我在自己的桌子上放了一块牌子,每天早晨读一读,然后开始一天的生活。"她把牌子递给了年轻女士。

用一分钟重温我的目标

再检查我的行为

看它是否与目标相符

年轻女士把牌子还给帕特，问："你说检查自己的行为，是检查什么具体的东西吗，比如日程表？"

"没错。"

"真是个好办法，"年轻女士说，"我可以把这句话记下来吗？"

"当然可以，"帕特回答，"我还希望你把它应用到实践中去。

"关于教育孩子的一分钟方法，我差不多都是从我母亲那儿学来的，现在很高兴能与你分享。"

她又补充说："我每天至少会重温一次目标，并鼓励我的孩子们也这样做。每周六的上午，我们还会在一起讨论共同的目标，看看我们这个家庭有没有进步。这样做确实可以给生活带来很大的改变。"

年轻女士迅速做着笔记，然后抬起头说："如果可以，我想把我学到的设定一分钟目标的方法做个简单小结。"

"好啊，"帕特说，"我去一下厨房，你写好之后叫我一声。"

年轻女士学得很快，她写起小结来就像自己已经在使用这种方法似的。

一分钟目标

一分钟目标在我的家庭中可以非常有效,只要:

1. 设定明确的家庭目标(我们的目标)和个人目标(我的目标)。
2. 尽量达成一致的决定,让大家都觉得从家庭中得到了自己想要的东西。
3. 每个人都在纸上用二百五十字左右写下各自的目标——这样我们就可以用一分钟左右的时间重温这些目标。
4. 目标非常具体,说明了我们各自的愿望是什么,希望在什么时候实现。我已经……我正在……它将在……之前实现。
5. 经常重温各自的目标,使其成为一种大家习惯的思维模式。
6. 经常抽出一分钟回顾我的目标,检查我的行为,看两者是否相符。
7. 鼓励孩子们也这样做。
8. 每周都开心地聚在一起,讨论我们这个家庭有哪些进步。

年轻女士刚做完小结，帕特就回来了。"你还有其他的问题吗？"

"还有一个，帕特。就是怎么才能让孩子们想为他们自己设定目标呢？"

还没等帕特开口，她九岁的女儿艾米走进来说："打扰一下，妈妈，我做完作业了。珍妮现在可不可以过来玩一会儿？"

小女孩得到了妈妈的许可，正要离开的时候，年轻女士问她："艾米，对你来说，目标意味着什么呢？"

"哦，这很简单。"小家伙回答，她学习一分钟方法已经有一段时间了，现在也能回答一些稍难的问题。

"目标就是一个有时间期限的愿望。"

帕特目送孩子出去，满含爱意地说："她基本上说对了。孩子们都很喜欢梦想。如果你想知道他们为什么会这样，就需要了解一分钟教育的第二个诀窍。"

"那是什么？"年轻女士问，她看了看手表。

帕特笑了。"我知道你明天要跟我姐姐苏珊一起吃午饭，还是让她来告诉你吧。"说完，她把年轻女士送到了门口。

"谢谢你给了我这么多时间。"年轻女士说。

"不客气,我现在有很多空闲时间。你知道的,我是一位一分钟母亲。"

年轻女士告辞了,她期待着第二天的到来。

第二课　培养孩子的责任心

年轻女士前往苏珊家时,还想着前一天晚上学到的东西,她觉得一分钟方法如此简单真是不可思议。她想:"这种方法既有道理,又简单、清晰,可以帮助孩子们很容易地把事情弄清楚。也能帮孩子学会履行诺言和承担责任。"

来到苏珊家时,她发现苏珊把午餐安排得很晚。不过,她很快就找到了答案。苏珊说,她每天上午都要半工半读,同时还要照顾两个孩子——十一岁的儿子和四岁的女儿。当孩子们在家的时候,她也喜欢和他们待在一起。

"谢谢你请我来吃午饭,教我教育孩子的一分钟方法。"年轻女士说。

"我很乐意这么做,"苏珊回答,"如果有更多的母亲使用一分钟教育的三个简单诀窍,世界上就会有更多快乐的家庭、愉快的邻里关系和和谐的社区。我真的这样认为,真的!"

然后,她笑着说:"我跑题了。"她的眼睛很明亮,看得出是个非常快活的人。年轻女士觉得跟这样一位母亲待在一起很舒服。她们悠闲地吃了午餐。

饭后,苏珊说:"我知道你去见过我母亲。她是个很不寻常的女人,不是吗?"

年轻女士已经习惯了这种说法——一分钟母亲是个很不寻常的女人。

"我想是的,"年轻女士谨慎地回答,"对于你的母亲和她教育你的方式,你最喜欢哪一点?"

"很多地方都让我喜欢。但是,最让我们姐妹高兴的就是,跟母亲在一起时,我们总是很清楚自己该怎么做。我们知道她对我们有什么期望,也知道她非常非常爱我们。对孩子来说,这是一种很美妙的感觉,会觉得自己很安全。"

"是的,你的妹妹帕特已经给我讲了一分钟目标。"

"哦,我打算告诉你什么是一分钟称赞。"苏珊说。

"一分钟称赞?"年轻女士好奇地问,"这是成为一分钟母亲的第二个诀窍吗?"

"是的。实际上,我觉得第二个诀窍是整套方法里最有力的一个。"

年轻女士向前倾了倾身,拿出了笔记本。

"这个诀窍非常简单,"苏珊开始解释,"我母亲很早就告诉过我,如果我清楚自己在生活中的表现,就会更容易做好事情。所以她说,无论对我的行为是否满意,她都会把她的看法清清楚楚地告诉我。

"她还说,希望我们也能这么对她。

"接着,她又提醒我,刚开始这样做的时候,我们双方可能都会感觉不舒服。"

"为什么?"年轻女士好奇地问。

"因为,大多数家长都不会这样对待孩子,而大多数孩子也不习惯被这样对待。但是我记得她曾非常肯定地对我说,这样做将会对我大有益处。而我若能这样对待她,也会带给她很大帮助。

"还有一件事你应该知道。我母亲提醒我,不要期待她每一次都把事情做得十全十美。有的时候她可能会觉得很累，或因为想着其他重要的事情，而忘记使用第二个诀窍。"

"也就是说，"年轻女士说，"一分钟母亲跟我们一样，也会有让人失望的时候，也会犯错。"

"是的，"苏珊回答，"但重要的是，当她记得使用这第二个诀窍时，确实给我们带来了改变。"

"你能具体说说这个诀窍吗？"

"当然可以。我母亲跟我一起设定好一分钟目标后，会不时地给我特别的关注。"

"她是想在你身上发现什么吗？"年轻女士好奇地问。

"她想发现我做对了什么。"

"发现你做对了什么？"年轻女士不解地问。

"是的。实际上，我们姐妹现在每人家里都有这样一条箴言：

我要帮助孩子们充分发挥潜力

我要发现他们做对了什么

苏珊继续解释说:"大多数家长总是把时间花在观察孩子们的表现上。"

年轻女士会心一笑说:"看他们做错了什么。"

苏珊说:"我母亲却在努力发现每个人都做对了什么。"

年轻女士做了一些笔记,又问:"苏珊,当你发现孩子们做对了事情之后,会怎么样呢?"

"我会给他们一分钟称赞。"苏珊开心地说。

"具体怎么做?"年轻女士好奇地问。

"如果哪个孩子做了让我特别高兴的事,我就会到他面前,搂着他,看着他的脸,对他说两件事:第一,我会具体地说出他做了什么;第二,我会清楚地告诉他那件事带给了我怎样的感觉。然后我会沉默几秒钟,让他深刻地体会到我有多么开心。"

这时,两位女士听到了关门的声音。"对不起,请稍候。"苏珊说着,回头问刚进门的孩子:"吉米,你拿到了吗?"

"是的,妈妈。"

"好,把它拿过来吧,亲爱的。我很想看看。"孩子没有回答。苏珊又大声问:"吉米,你还好吧?学校里的情况怎么样?"

过了好半天,她十一岁的儿子才走进房间。他把成绩单递给母亲。她仔细地看了一遍。

男孩开始紧张起来。他知道成绩单上有什么:两个A,三个B,还有一个D。他的历史得了个D。

"詹姆士·桑德斯,"苏珊缓缓地叫出了儿子的名字,顿了顿,又看了看成绩单,接着大声说,"你太棒了!"

男孩笑了。

"看看这个!"苏珊激动地说,"你的成绩单上有两个A和三个B!"

她拥抱了儿子,说:"我真高兴,吉米。我为你的成绩感到高兴。"

男孩也抱了抱母亲,但他好像有些难为情。"我可以出去玩吗?"他问,"就一会儿。"

苏珊微笑着对孩子说:"任何一个成绩单上有这么多A和B的孩子,都可以出去玩一下午。"

男孩笑得更开心了,他留下一句"谢谢妈妈"和一声关门声,就消失了。可转眼间,他又跑回来说了句:"我爱你,妈妈。"

年轻女士惊讶地看着这一切,说:"我真不明白。你的孩子得了个D呀。"

"是的,恐怕是这样。"

"但是,"年轻女士不解地说:"你对这件事只字不提。"

"你注意到了。"

年轻女士忍不住笑了起来:"是的,我注意到了。"

很快,她又认真起来。显然她对这件事很关心。"他历史考试得了个D,对这个提都不提,是不是有点不负责任?"

"你是指谁不负责任?"苏珊问。

"你。"年轻女士回答。

苏珊轻声说:"又不是我在上历史课。"

这话让年轻女士吃了一惊,她问:"我知道是你的孩子在上这门课,但是帮助孩子取得好成绩不是你的责任吗?"

"不,"苏珊回答,"那是他自己的责任。如果我替他承担责任,那么他永远都学不会自己承担。"

她接着说:"你或许应该想想责任(responsibility)的意义:反应(response)+能力(ability)——反应的能力。

"我能给孩子的最好礼物就是,让他们真正活着,让他们自己对生活做出反应。我会帮助每一个孩子从承担责任中得到乐趣。"

"你具体会怎么做呢?"年轻女士问。

"让孩子自己承担责任的最好方法就是,让他们发现那样做可以让他们有很好的感觉。"

"你是怎么做到这一点的?"年轻女士接着问。

"你刚才已经看到了,"苏珊回答,"成绩单上的那些A和B就是我儿子自己的功劳。他正在体验好成绩带来的结果。第一,我和他都很高兴;第二,他可以高高兴兴地玩一个下午。今天他不用再做任何家务,也没有作业。对他来说,这是很特别、值得庆祝的一天。"

"这样一来,"年轻女士若有所思地说,"孩子就会明白承担责任是自愿的选择,而不是被迫的。"

"说得非常好!你开始明白了。我知道你接下来会问什么,所以不如现在就回答你。那个D怎么办?"

年轻女士点点头,肯定了她的猜测。

"我会像苏格拉底教育学生那样,问他几个简单的问题。我会问吉米,他对那些A和B感觉如何;他希望自己在历史考试中得到什么样的成绩;他觉得自己能不能得到想要的成绩;他打算怎样得到那样的成绩,等等。"

年轻女士问:"你要在星期六上午问他这些问题吗——就在你们的家庭目标设定会上?"

"是的,"苏珊回答,"你觉得吉米会怎么说?"她又补充道,"你认为他是怎么把成绩单上满满的C变成A和B的?"

年轻女士回答:"我想,他发现得到好成绩的感觉非常好,他会很想在历史这门课上也考好,因为他喜欢那种成功的感觉。"

"非常正确!"苏珊说,"这就是一分钟称赞的作用。实际上,得到一分钟称赞时,人们常常会想,'如果你觉得这就很好了,那就等着瞧,我下次还会做得更好。'"

年轻女士笑了笑,苏珊又补充说:"我发现孩子们做对了事情之后,会很愿意再做同样的事。这可以让他们得到很好的自我感觉,而自我感觉良好的孩子也往往更愿意自律。"

"也就是说,他们自律不是为了敷衍你,"年轻女士边思考边说,"而是为了他们自己。"

"是的。这也是教育孩子的关键。当然,等吉米设定好目标,决心在历史课上考出好成绩之后,他的父亲和我都会尽力帮助他。但是我们真正要掌握的诀窍是帮助每个孩子树立'做得更好'的信念。"

年轻女士补充说:"当他们做到更好的时候,你就会称赞他们,让他们体会成功的快乐,而不是像大多数人那样忽视他们好的行为。"

"现在你已经完全明白了。"苏珊说。

"让我把刚刚学到的东西做一个小结。"年轻女士说着,在笔记本上写了起来。她写起小结来就像自己已经在使用一分钟称赞似的。

一分钟称赞

一分钟称赞可以非常有效,只要:

1. 提前告诉孩子们,我会在他们表现好的时候称赞他们。
2. 发现孩子们做对了什么。
3. 具体说出孩子们对在哪里。
4. 清楚地告诉他们,他们的表现让我很开心。
5. 停几秒钟,让他们静静地体会我的开心。
6. 接着真诚地表达自己的感受,说出对他们的爱,并拥抱他们。
7. 称赞孩子只需要占用我一分钟时间,但是由此带来的良好的自我感觉却可以让他们受益终生。
8. 这样做对孩子们和我自己都有好处。我对自己很满意,觉得自己是个好家长。

年轻女士抬起头,说:"谢谢你。这确实是个非常宝贵的方法。现在我明白你为什么说第二个诀窍非常有力了。"

接着,她又心急地问:"那么第三个诀窍又是什么呢?"

看到她急切的样子,苏珊笑着站起来说:"为什么不去问问我的姐姐莉斯呢?反正你也准备去找她。"

"是的,我有这个打算,"年轻女士承认,"非常感谢你给了我这么多时间。"

"没什么,"苏珊说,"反正我现在也成了一分钟母亲,有很多时间。"

年轻女士笑了。这话她以前在什么地方听过。

她离开一分钟母亲的二女儿家,发现自己非常喜欢这位女主人。"这样生活真不错,"她想,"发现人们做对了什么,这会让生活变得多开心啊。"

她觉得自己从一分钟母亲的两个女儿那里学到的东西非常有道理。"不过,"她有些疑惑,"一分钟目标和一分钟称赞真的有效吗?"

回家的路上,她对这些方法是否有效的疑问更加强烈了。她在一个电话亭旁停了下来,更改了跟伊丽莎白约定的时间。

她现在想做一件更重要的事情。她要为自己的疑问找到答案。

第二天,年轻女士再一次来到一分钟母亲所住的街区。这是一个美好的星期六早晨,她走在林荫道上,周围整洁的环境和人们友好的问候给她留下了深刻的印象,这让她更有勇气去做自己想做的事。

她在一幢房子前站住,犹豫了片刻,然后走上前敲了敲门。一位男士打开门。"你有什么事吗?"他问。

"我能跟你谈谈吗?"年轻女士回答。她先介绍了自己,然后说:"我的第一个孩子就要出生了,所以正在寻找成为一位好母亲的方法。我同住在这附近的一位女士谈过,就是被人们称为'一分钟母亲'的那位女士。也去请教过她的两个女儿帕特丽夏和苏珊。我有些问题,不知道你能不能帮我回答?"

男子微笑着说:"当然可以,如果我知道的话。"他说他叫史蒂文·赫里克,又问年轻女士:"你想知道些什么?"

"坦率地说,"她说,"我想知道她教育孩子的方法是不是真的有效。我的意思是,你或者这附近的其他人也许知道她女儿们小时候的事情。"

史蒂文回答:"我是和她们一起长大的,跟她们很熟。不过,我恐怕不能告诉你她们母亲教育方法的事情,因为我不太清楚。"

"那么,那三个女孩小时候是什么样子?"

"嗯,"他回答,"她们非常……"他迟疑了一下,"……非常活跃。就是这样。"他像沉浸在童年的回忆中似的自言自语道。

"她们对很多事情都感兴趣,而且在各方面都很活跃。我还记得她们的很多小事。比如,夏天的时候,她们会在草地上寻找各种小虫子,说它们是生命的迹象。她们常常跟老人一聊就是几个小时,而且听得非常认真,好像真的学到了什么似的。我记得……

"你知道,当时我并不觉得有什么特别,但是现在回想起来,她们确实不同寻常。她们总是非常开心。这附近的人都很喜欢她们。"

"那她们有没有惹过麻烦呢?"她问。

"哦,当然有过!"史蒂文回答。

"啊哈,"她觉得自己终于发现了什么,"她们惹了麻烦后会怎么样?"

"不清楚,"史蒂文回答,"我要是知道就好了。不过我还记得一件事。"

"什么事?"

"在我的记忆里,这些女孩很少犯同样的错误。"他补充说,"实际上,我想这一点也给附近的一些母亲留下了非常深刻的印象,所以她们都去问一分钟母亲是怎么教育孩子的。"

史蒂文继续说:"真希望我也知道一分钟母亲究竟有什么诀窍。我一直想去向她请教,可总是没有时间。"

"我实在需要找些办法来对付我那几个孩子,"他补充说,"你也知道现在的孩子都是什么样子。"

年轻女士没说什么。

接着,史蒂文又说:"或许我也能成为一位'一分钟父亲'。"

她笑了笑,说:"我在跟她们聊天的时候做了笔记。等学完了最后一个诀窍,我很愿意把这三个诀窍作为礼物送给你,就像一分钟母亲把它们分享给我一样。"

她感谢史蒂文跟自己谈了这些。虽然还是不太明白一分钟方法究竟有什么道理,又为什么会起作用,但她开始对这套简单的教育方法有了信心。

那晚她一夜都没睡好。她发现自己无比期待第二天的到来,因为到时候她就能知道一分钟母亲的第三个诀窍了。

第三课　提高孩子的挫折忍受力

第二天是星期日。早上，年轻女士去拜访了一分钟母亲的大女儿——伊丽莎白·富兰克林，她是一位单身母亲，有一份全职工作，还有一个十几岁的儿子。

两人一起喝了咖啡，伊丽莎白——她喜欢别人叫她莉斯——说："我知道你去见过我母亲。她是个很不寻常的女人吧？"

年轻女士对这种说法已经很熟悉了。"是的。"她回答。

"我知道你希望了解更多教育孩子的一分钟方法，"莉斯说，"你还想知道些什么？"

"是的。我昨天跟你家的一位老邻居聊过，"年轻女士说，"他说他小时候跟你、帕特和苏珊很熟。他还说，你们姐妹和大多数孩子一样，会时不时地惹麻烦；但是又跟别的孩子不同,你们从不犯同样的错误。莉斯,这是不是跟你母亲有关,跟她教育你们的方法有关?"

莉斯笑了起来:"你说对了!"

"你还记得那时的事情吗?能跟我说说吗?"年轻女士问。

"记得,"莉斯回答,"我永远都不会忘记那些事情!"

接着,她开始解释给年轻女士听。

"每当我的行为违背自己或全家的目标时,我母亲就会指出我的错误,然后跟我一起重温我们的目标,好让我清楚自己当初做过什么样的决定。

"等她知道我已经明白之后,就会对我进行一分钟批评。"

"什么?"年轻女士惊讶地问。

"一分钟批评。"莉斯又重复了一遍。

"这是成为一分钟母亲的第三个诀窍吗?"

"一点儿不错!实际上,我觉得第三个诀窍对任何人来说,都是非常好的沟通方法。它适用于家长和孩子、经理和员工、学生和老师,甚至丈夫和妻子。"

"为什么?"年轻女士好奇地问。

"道理非常简单。"莉斯回答。

年轻女士笑了起来:"我就知道你会这么说。"

莉斯也笑了起来,解释说:"首先,我母亲事先告诉过我,如果我做了让她难以接受的事,她就会让我知道。她向我保证,她给我的反馈能够帮助我实现自己的愿望。实际上,她总是对我说:'好的反馈是冠军的早餐。'所以,只要我做错了事,她肯定会立刻做出反应。"

"她会怎么做?"年轻女士问。

"她会立刻把我叫到一个房间里,然后注视着我的眼睛,非常具体地说出我错在哪里,接着明确地告诉我她有怎样的感受——生气、担忧、恼火、伤心、失望,或是别的什么。

"她会当着我的面,毫不掩饰地说:'我很恼火!非常恼火!'

"直截了当地说出她的感受之后,她会沉默几秒钟,让那种感觉在一片死寂中深入我的内心。老天,这样做确实让人印象深刻!"

"这个过程大概有多长时间?"年轻女士问。

"只有三十秒左右,不过有的时候你会觉得像几个世纪那么漫长。那种感觉真的非常强烈,会让你难受到极点!"

年轻女士不禁向前探了探身子,问:"然后会怎样?"

"然后,她会深吸一口气,让自己放松下来。接着,她伸手搂住我的肩,让我知道她是站在我这边的。这时,她会温柔地告诉我,我之前的行为虽然不好,但我还是个好孩子。她要让我知道,她之所以这么生气,就是因为我这样的好孩子不该做出那样的事。她告诉我,我原本就是个好孩子。

"接着,她会用力拥抱我,对我说:'我非常爱你,亲爱的。'"

年轻女士说:"这肯定会让你重新思考你的行为和你自己。"

"是的!"莉斯回答。

年轻女士迅速地做着笔记。她觉得莉斯很快就要讲到关键点了。

"我母亲的一分钟批评给我留下了非常深刻的印象,这都要归功于她批评的方式。首先,她总是在事情发生后立刻批评;第二,她能具体地说出我做错了什么,所以我知道她对一切都了如指掌——我根本不可能蒙混过关;第三,她不会指责我整个人,而只是针对我的行为。这样我就不大会为自己辩护,或者把责任推到别人身上。我知道她会公平地对待我;第四,我知道她很关心我,而且真心希望我能获得良好的自我感觉。"

说到这里,她笑了起来:"当然,这些都是我现在才明白过来的。而小时候,当我母亲第一次对我进行一分钟批评时,我真的非常讨厌它。

"我当时想尽一切办法让她不再用这种方法管教我。我用手堵住耳朵,或是干脆走开,或是哈哈大笑,假装毫不在乎。

"但是,我母亲只是把我的手从耳朵上拿开,或者跟在我身后,或者用别的方法对付我的反抗。总之,她会坚持做完一分钟批评。

"当然,我也试过打断她,为我的行为找各种冠冕堂皇的借口。"

"也就是说,"年轻女士插嘴说,"你会为自己辩护。这时你母亲会怎么做?"

"首先,她明确地告诉我,在她进行一分钟批评的时候，我不可以讲话。她还告诉我，批评结束之后，如果我有什么话想说，可以过几个小时再回来跟她理论。她希望我能先认真听她讲完。

"而且，她总是说，让别人好好听你说话的最好办法，就是你也认真听别人说话。

"我往往会在事后仔细回想，然后发现她做得很公平，因此也就不会再去找她理论了。知道自己可以在事后去找她谈，这一点对我有很大帮助。

"最重要的是，当我发现她只批评我的行为，而不会贬低我个人时，就不再那么想为自己辩护了。我发觉根本不必为我的行为辩护，因为我的人格并没有遭到攻击。"

"就是因为这样，现在我每次批评我的孩子时，"莉斯说，"都会确保不让自己的言行伤害到孩子的自尊。"

年轻女士看着莉斯，说："我开始明白了。一分钟批评所要达到的效果是让你对自己的行为感到难过，但同时保持良好的自我感觉。而且，自我感觉越好，行为就会变得越好。"

"没错。你总结得很好。"莉斯说。

"你能给我举个一分钟批评的例子吗？"年轻女士问。

"当然可以,"莉斯回答,"曾经有一段时间,我跟我十七岁的儿子戴维相处得很糟糕,他对我跟他父亲离婚的事很不满。那个时候,我自己的状态也很差,没有想到用一分钟方法来教育孩子。家里全都乱套了。他总是开车出去,在外面待到很晚。而且,我一责备他,他就跟我顶嘴。"

年轻女士皱了皱眉,问:"那你怎么做?"

"当他再次开车出去,很晚才回家的时候,我就开始对他进行一分钟批评。"

"你都跟他说些什么呢?"

"我走到他面前,对他说:'戴维,你不听我的话。你没经我许可就把车开出去,而且现在已经是凌晨一点半了!你想什么时候回家就什么时候回家。我一说这件事,你就跟我顶嘴。你这样的行为太过分了!简直让人无法接受!'

"接着,我会毫不掩饰地说出心里积压已久的感觉。我说:'我睡不着觉。我担心车子出事。我担心你出事。我讨厌你的行为!我很不高兴!我很生气!我非常非常生气!'

"我把愤怒写在脸上，跟他面对面沉默几秒钟，让他深刻体会我的感受。

"之后，我会深深吸一口气，让自己平静下来，放低声音。然后手放在他的肩膀上，让他知道我是关心他的，接着说：'你是个很好的孩子，不该做出这种行为，戴维。我知道你对离婚的事不满，这很正常。其实我知道你是个非常好的孩子。你有很多地方让我非常钦佩。我爱你，儿子！'

"然后，我拥抱他，让他知道批评已经结束了。"

"你这样做效果怎么样？"年轻女士问。

"开始的时候，他甚至不愿意好好站着听我说完，他会转身走开。有的时候，他还会打断我的话，或者一副心不在焉的样子。"

"那你怎么办？"

"我会坚持批评完，然后上床睡觉。那段时间，我每天晚上都会这么做。"

"后来呢？"

"没过几个星期，这孩子就知道在用车之前先来征得我的同意，而且回家也比以前早了。"

年轻女士惊讶地问:"你批评的时候很认真吗?"

"是的,"莉斯回答,"我非常认真。我觉得就是因为批评得严肃,才得到了这么好的效果。当时的情况非常糟糕,我必须严肃对待,并清楚地表达我的愤怒。就这样,我得到了想要的结果。"她又补充说:"不过,要记住,我指责的是他的行为,而不是他这个人。"

年轻女士点点头:"这真是改进孩子行为的好办法!"她又好奇地问:"可是,这个过程真的只需要一分钟吗?"

"通常是的,"莉斯回答,"而且一旦结束,就让它过去。虽然批评不会持续很长时间,不过我可以向你保证,被批评的人绝对不会忘记!而且你也绝对不会想去犯同样的错误。"

"我很想知道,"年轻女士问,"一分钟母亲会不会犯错?"

莉斯笑了起来:"她当然也会犯错。这也是她让人喜欢的原因之一。"

"你能举个例子吗?"

"可以,"莉斯说,"有时候,我母亲会忘记一分钟批评的后半部分,忘记肯定我们自身的价值,说我们其实是很好的孩子。"

"我想这点确定很容易被人忘记,"年轻女士说,"尤其是在她火冒三丈的时候。"

"确实。不管怎么样,每当她忘记这一部分的时候,我们都会在事后提醒她——我们很喜欢批评的后半部分,因为那让人感觉很好。"

"那她会怎么做?"年轻女士问。

"她会笑着说自己光顾着批评不好的行为,结果忘了称赞孩子。然后,她一定会非常夸张地说有多么爱我们,觉得我们多么了不起,我们最近有了多么大的进步,我们是多么好的孩子,她多么为我们骄傲,等等。

"直到最后我们说:'好了,妈妈,好了。我知道了。我知道了。'"

年轻女士大笑起来,说:"我喜欢这样!听起来,保持幽默感也是成为一分钟母亲的必要条件。"

莉斯点头同意。"就像我母亲过去常说的:'一分钟母亲让自己保持心理健康的最好方法就是保持幽默感。'"这时,年轻女士听到外面有人在说笑打闹。"是我的儿子戴维和他的朋友们。"莉斯说。

"你介意我跟他聊聊吗?"

"当然不介意。我们家的沟通是开放而真诚的。"

接着,她又补充说:"有人说家庭就是一群人的集合,这群人毫无理由地彼此关怀。家里虽然只有戴维和我,但我们现在确实是一个真正的家庭。"莉斯显然非常幸福。

年轻女士起身告辞:"谢谢你今天教了我这么多东西。"然后,她去外面找莉斯的儿子。

戴维离开朋友,走过来跟年轻女士聊天。她问起他从前开车外出的事。他提议边走边谈。

"每次我开车出去并很晚回家的时候,"他说道,"我母亲都会'例行公事'。她要让我知道她有多生气。她真的气极了!"

"这已经够糟糕了,"他继续说,"但我还可以忍受,只要不理会她的怒气就可以。"接着,他补充说:"不过,我必须承认,有的时候我真的没办法假装听不见她说的话。

"可是过一会儿,她就会停止发怒,然后抱住我说她觉得我有多么好。不过,真正打动我的,是她说她很尊重我、欣赏我、爱我!哦,这真让人受不了。我是说,这真的会让我很后悔做了那些事。我记得有一次我……"

男孩说不下去了。

停了好长一会儿,他才继续说下去:"我很高兴母亲最后能站出来,告诉我她真正的感受。因为我发现,她讨厌的只是我的行为,但实际上是很爱我的。

"我知道有很多家长都在放纵他们的孩子。但是说实话,我并不觉得这会让孩子感觉很好".

"你的意思是,这些孩子会觉得家长不关心他们,不爱他们?"

"是的,"男孩回答,"其实我们都知道自己什么时候做错了事,也很清楚别人知道我们做错了。当父母假装没看到这些错误时,我们会觉得自己被忽视了,就好像我们是一些无关紧要的人。"

"实际上,"他继续说,"我发现,这样坦诚地跟人交流效果非常好。现在,如果她做的什么事让我觉得恼火,她也会让我直截了当地说出自己的感受。而且她会认真考虑我的话,因为她知道我喜欢用这种方式跟她沟通。这就像一条畅通的双行道,让人感觉棒极了。"

年轻女士一边走,一边想着男孩说的话。聊了一会儿后,她向男孩道谢,回到了自己车上。

坐在车上,她回忆着这一天学到的所有东西,然后拿出笔记本,对一分钟批评进行了简单的小结。写的时候,她好像已经成了一位正在成功运用这种方法的母亲。

一分钟批评

一分钟批评可以很有效，只要：

1. 当孩子的行为让我不满意时，我会让他们知道；同时，我也要求他们同样坦诚地对待我、尊重我。

一分钟批评的前半部分

2. 事后尽快批评孩子。
3. 告诉孩子他们究竟做错了什么。
4. 清楚告诉孩子他们的行为带给了我怎样的感受。
5. 沉默几秒钟，让他们体会我的感受。

一分钟批评的后半部分

6. 通过肢体接触让孩子知道我是站在他们这边的。
7. 告诉孩子他们每个人都是有价值的。
8. 直接对孩子说，虽然不喜欢他们刚才的行为，但很喜欢他们。
9. 拥抱孩子，对他们说："我非常爱你！"让他们知道批评已经结束了。孩子们和我都要知道，批评一旦过去，就让它永远过去！
10. 虽然这种充满爱的批评只持续了一分钟，但它将使孩子们受益终生。

当天晚上,年轻女士的丈夫看了她做的笔记。如果不是妻子亲眼看到了一分钟批评的成果,他可能无法相信这种方法会管用。不过,妻子很清楚一分钟批评是确实有效的!

年轻女士告诉丈夫,她知道每个人都会犯错,包括她自己在内,但她也知道,如果有人在她犯错的时候对她进行一分钟批评,她会觉得很公平,因为批评针对的是她的行为,而不是她这个人。

她想,我们大家——不论是成人还是孩子——都希望得到别人的尊重。

她在开车前往一分钟母亲家的路上,还一直在想,一分钟批评真是个简单有效的方法。

教育孩子的三个诀窍——一分钟目标、一分钟称赞和一分钟批评——听起来都非常有道理。

年轻女士也确实发现,用这种方法沟通可以在很大程度上缓解家庭中的压力。

"可它们为什么会这么有效呢?"她感到好奇,"为什么一分钟母亲的教育那么成功呢?"

2

为什么一分钟方法会有效

年轻女士到一分钟母亲家时,已经将近傍晚。太阳快要落山,华灯初上。

她观察着那所房子,发现了很多以前没有注意到的东西。房前的草坪修剪得非常平整,门厅也装饰得很漂亮。

她还留意到一些细节。房子里很亮堂,那不是普通白炽灯发出的光,而是一种粉色灯泡发出的光芒——她曾在一个室内设计师家中见过这种灯泡,它们能散发出晚霞般的柔和光线。

一分钟母亲在很多小东西上花了心思,因为这样可以让生活变得更美。

一分钟母亲用热情的微笑迎接她的到来。一进门,一分钟母亲就问:"你这几天有什么发现?"

"很多！"年轻女士回答。

"跟我说说你学到的东西。"一分钟母亲兴致勃勃地说。

"我知道了人们为什么叫您'一分钟母亲'。您会和孩子们一起设定一分钟目标，让她们知道你们共同的愿望。您把好的行为展示给她们看，接着努力发现她们做对了什么，然后给她们一分钟称赞。最后，如果她们知道什么是对的，却做出让您不能接受的行为，您就对她们进行一分钟批评。"

"你对此有什么看法？"一分钟母亲问。

"首先，"年轻女士回答，"这些方法简单得让我惊讶。但您自己的经历证明了它们确实有效。我相信这些方法对您来说的确管用。"

"如果你愿意把它们应用在你家的话，你也会发现它们确实管用。"一分钟母亲肯定地说。

"或许吧，"年轻女士说，"但如果我能进一步了解它们为什么有效的话，也许会更愿意去运用它们。"

"大家都是这样。对一件事情越了解，就越愿意去做。所以，我很愿意把自己知道的东西告诉你。你想从哪里开始？"

"我去拜访您的三个女儿时，发现她们看上去都很开心，而且充满活力。一分钟教育方法之所以有效，是因为只需要花费很少的时间和精力吗？我的意思是……是不是只要花一分钟就可以完成一个家长需要做的所有事情？"

"不，当然不是。说它们是一分钟方法，只是要告诉你，做一个高效的家长并不像你想象的那样需要很多时间。在处理有些问题时，你可能需要花比一分钟更长的时间。'一分钟'只是打个比方。不过，通常你确实只需要一分钟就可以解决问题。

"我和我的女儿们，还有其他自愿成为一分钟母亲的人，之所以比别人更加精力充沛，就是因为我们教育孩子的方法同大多数母亲不同。

"很多母亲都觉得筋疲力尽，"一分钟母亲解释说，"因为她们用'操持家务'的方法来教育孩子。"

"什么？"

"不论是自己动手，还是监督其他人去做，大多数母亲会把保持家中整洁视为自己的责任。她们总是在不停地收拾这里、收拾那里,结果却发现自己永远也收拾不完,这种感觉简直让人发疯。

"但许多母亲还用这一套来对付孩子,这无疑会让她们更加筋疲力尽。"一分钟母亲继续说。

"当孩子表现好的时候……或者说,"她又微笑着补充,"当他们安安静静地待在母亲的视线里时,大多数母亲会怎么做?"

"她们什么也不做。"年轻女士回答。

"没错,"一分钟母亲说,"这些母亲用操持家务的方法来教育孩子,所以会认为,只要孩子没有闹事,就没必要去管他们。

"对她们来说,教育孩子主要就是解决问题,或者'为孩子们调解纷争'。在她们看来,管教一个行为上没有差错的孩子,就好像整理一间已经非常整洁的房子一样,根本没有必要。"

"那么,您在孩子表现良好的时候会怎么做?"年轻女士问。

"想想你在过去几天里看到的和听到的,"一分钟母亲提议,"我的女儿们在处理孩子的不良行为时花的时间有多少?"

"您这么一说,我才意识到她们花在这上面的时间并不多,"年轻女士回答,"她们把大多数时间都用来跟孩子们一起设定目标,然后发现他们做对了哪些事。"

"对!对!"一分钟母亲笑了起来,"对不起,我这话有两层含义。"

年轻女士没发现这句话有什么可笑之处。她承认:"说实话,我跟您的女儿们聊天,学习如何成为一分钟母亲的时候,一直在怀疑自己是不是身处童话世界。我是说,这一切看起来这么乐观、这么容易,跟我以前了解的情况完全不同。"

一分钟母亲点了点头,说:"那是因为大多数女人都不知道做个好母亲实际上有多么简单。她们总是听人说为人父母是一种多么困难、复杂、让人困惑的责任。她们学着别人的样子抚养自己的孩子,在孩子淘气的时候教训他们。而这样,孩子的自我感觉就会变得很糟。

"在这种情况下,孩子和其他人一样,会固执地为自己的行为辩护。事实上,教育孩子应该选在他们自我感觉良好的时候。"

年轻女士说:"我想我明白您的意思了。不过,如果您能回答我几个问题,或许我能理解得更透彻一些。我们从一分钟目标开始吧。为什么这个方法会如此有效呢?"

让孩子喜欢上自己

"你想知道为什么一分钟目标会有效,"一分钟母亲说,"很好。

"原因有很多。我先举个例子,或许对你有帮助。"

一分钟母亲走到窗边,把年轻女士叫了过来,让她看外面的草坪。

"如果把高尔夫球染成跟草一样的颜色,会怎么样?"一分钟母亲问。

年轻女士觉得这个想法很有趣,她微笑着想了想,回答:"那打高尔夫球可能就没有现在这么有趣了。"

"为什么?"一分钟母亲又问。

"因为你要不停地花时间去找球。球藏在草里会很难找。

"看不清楚的东西通常都不好找。"年轻女士回答。

"你说什么?"一分钟母亲微笑着问。

年轻女士也笑了,她知道一分钟母亲刚才是在引导她找出答案。她慢慢地重复着刚才的话:"……看不清楚的东西……通常都不好找……"

"现在,想象你自己是个高尔夫球手,"一分钟母亲建议,"你正在跟一个与你水平相当的对手进行一场重要比赛。你用的球跟草的颜色一样,而你的对手用的却是崭新的白色小球。"

年轻女士笑了起来,说:"我可不喜欢这样的比赛。"

"为什么?"

"因为我们中的一个人不公平地占有优势。这样的比赛,我的成绩不会很好。恐怕会打得很糟。"

"你确实会打得很糟,"一分钟母亲说,"尤其是与能清楚看到球的对手相比。你的对手会在比赛中发挥出自己的水平。"

"这么说,"年轻女士开始明白了,"你是想告诉我,孩子们也一样。当他们能清楚地看到自己的目标时,一切就会变得更容易,也更有乐趣。"

"对极了!每个人都想取得好成绩、有美好的前景。而每天抽一分钟看看自己的目标,可以帮助你一步一步把它们变成现实。"

一分钟母亲走到桌子旁边,指着一个牌子说:"看看这个。聪明人把这句话称为'世界上最了不起的诀窍':

我们想成为什么样的人
就会成为什么样的人

"很久以前就有人知道这个诀窍了。历史上那些最有智慧的人在很多事情上都有不同的看法，但他们都认同：我们想成为什么样的人，就会成为什么样的人。

"现代的科学家称之为'可视化'——在头脑中真实地描绘出尚未发生的事情。有些人觉得这听起来很神秘，但实际上是一种造就成功的非常实用的工具。就像我刚才说的，许多人在很久以前就领悟了其中的道理。莎士比亚就曾说：'下定决心则万事俱备。'"

"所以，"年轻女士说，"一分钟目标是帮助孩子实现他们自身愿望的一种简单方法。"

"是的。它不仅可以帮助孩子把目标写下来，对家长也有帮助。原因之一就是，它可以帮助成人和孩子扫清一道生活中最大的障碍。"

"什么障碍……"

"现代人痛苦的根源——忧虑，"一分钟母亲解释说，"如今孩子和家长都难逃忧虑的困扰。他们不知道未来会发生什么，不知道自己会怎样，也不知道别人会怎样对待自己。

"或许你也有过这样的经历，生活里让你担忧的事情越多,你的表现就越差。"

"您能举个例子说说忧虑是怎么影响人们,让他们不能好好表现,以及他们为什么会这样吗?"年轻女士问。

"不妨想象这样的情景:有人要你从一块厚两英寸、宽六英寸、长三十英尺的木板上走过去。"一分钟母亲说。

"木板平放在地上,木板的另一头放着一百美元。你走过去拿到它,这钱就是你的了。你觉得自己能做到吗——为了这一百美元?"

"当然可以,这很容易。"

"好的。如果发生了一个小小的变化,你还愿意去做吗?比如木板被搭在两座五十层高的摩天大楼之间。没有风。木板的另一头多了一百美元。现在你还愿意走过去拿那些钱吗?"

年轻女士笑着摇了摇头,说:"当然不!"

"如果有五百美元呢?"

"就是有一千美元我也不干。"

"为什么?"

"因为我怕掉下去,"年轻女士坦白地说,"就算我冒险去试,也可能中途停下,再也不敢往前走。恐惧会成为我最大的障碍。我根本做不到。"

"非常正确。恐惧会让人止步不前!而最让人软弱无力的一种恐惧就是忧虑,也就是对未知的恐惧。"

"一分钟目标之所以有效,是因为它可以减轻孩子的忧虑,"一分钟母亲说,"让他们怀着自由的心情把事情做得更好。"

"这究竟是怎么发生的呢?您能举一个实际的例子吗?"

一分钟母亲笑着说:"你真的想弄清楚一分钟目标为什么有效,是吗?"

"是的!"

"好吧。我们就说一个经典的例子,事情发生在二战时的伦敦。当时,人们非常害怕炸弹,因为敌人经常轰炸这座城市。后来,随着战争渐渐接近尾声,轰炸变少了。最后,敌人彻底放弃了轰炸。但是,人们还是不停地抬头看天空。他们不知道炸弹还会不会突然从天而降。"

年轻女士说:"这听起来跟我在一些家庭里看到的情况一样。孩子们也像那些被轰炸很久的人们一样,担心下一颗炸弹会突然到来。"

"说得对！现在如果回过头去研究那个时期英国人的心理健康记录，"一分钟母亲说，"你认为他们在什么时期最抑郁、最经常去看心理医生？是在敌人频繁轰炸的时候，还是轰炸停止之后？"

"我不知道。"

"英国的健康专家们发现，"一分钟母亲继续说，"人们在战后承受的心理压力比战时更严重。当然，那个时候真正的威胁已经过去了。

"人们不必再抵抗真实的恐惧，但是他们仍在担惊受怕。未知带来了更多不安。"

"而未知同样会让孩子感到不安。"年轻女士说。

一分钟母亲笑着拍了拍手，大声道："你明白了！"

她向前探了探身，为自己和年轻女士重新倒了咖啡。两个人刚才光顾着说话，原来的咖啡已经凉了。

"你很善于倾听，"一分钟母亲说，"而且理解力也很好。

"能把自己知道的东西告诉你我非常高兴，感觉自己花的这些时间是值得的。我想你是会真正去应用自己学到的东西的人。我真是太高兴了！"

一分钟母亲拍了拍年轻女士的手臂，表示赞赏和支持。

年轻女士静静地回味着心中的感受，然后说："我知道您刚刚对我进行了一分钟称赞。我真的很开心。但同时也很惊讶，一分钟称赞竟然会让我有这么好的感觉。我知道您在做什么，但仍然感觉好极了！"

"知道你为什么会有这么好的感觉吗？"一分钟母亲问，"因为你真的感受到、也确实得到了别人的赞赏。"

年轻女士刚要开口，一分钟母亲就知道她想问什么。"让我猜猜看，"她说，"你还想知道一分钟称赞为什么如此有效。"

"您说到我心里去了。一分钟称赞究竟为什么这么有效呢？"

让孩子主动做对的事情

"一分钟称赞之所以有效,"一分钟母亲解释说,"是因为它非常自然。"

"自然?"年轻女士不解地问。

"是的。我们可以看看孩子成长过程中非常自然的两件事:学走路和学说话。在孩子学走路的时候,家长是怎么做的?"

年轻女士想了想,回答:"他们会帮助孩子站起来,拉住他的手,跟着他走几步,停一会儿,然后再跟着走几步。"

"他们会对孩子说些什么?"

"孩子每迈出一步,他们都会高兴地说'真棒!'"

"如果有一天,孩子终于不再在客厅的地毯上爬来爬去，而是在咖啡桌旁站了起来，家长又会有什么反应？"

年轻女士笑了。"他们会丢下手里的一切事情，为孩子了不起的成就欢呼。"

"具体会怎么做呢？"一分钟母亲问。

"他们会冲到孩子跟前，给他无数个拥抱和亲吻，不停地说：'看看！你站起来了！而且是自己站起来的！''你太棒了！''真了不起！'"

"没错，"一分钟母亲说，"现在花一分钟想想这一切，这些话听起来是不是很熟悉？"

年轻女士愣了一下，说："听起来很像一分钟称赞。"

"这就是一分钟称赞。孩子小的时候，家长其实经常这样称赞他们。"

"那么，现在再往前走几步，"一分钟母亲觉得用这个双关语很有趣，"孩子自己站起来之后，家长下一步会怎么做？"

"他们会张开双臂，鼓励孩子勇敢地朝自己走过来。当然，他们也会非常留意，不让孩子摔倒。"

"想想这个，"一分钟母亲提议，"家长这是在引导孩子通过一点一滴的进步来达成最后学会走路的目标。在这个过程中,每当孩子取得小小的进步时,家长会怎么做?"

"他们会热情地称赞孩子。"

"对极了!这是在用一种很自然的方法来帮助孩子学会喜欢他们自己——建立高度的自尊。"

年轻女士终于明白了。自言自语道:"孩子学习的同时,家长也获得了乐趣。"

"是的。一分钟称赞之所以这么有效,"一分钟母亲说,"就是因为它既能让孩子进步得更快,又能让家长得到更多乐趣。

"教孩子说话也是一样。比如,你想教会孩子在口渴的时候要水喝。我知道你还没有孩子,但是如果你一定要等到孩子会说'请问能给我些喝的吗,妈妈'时才给他水喝,会发生什么?"

"那样的话,恐怕孩子早就渴死了。"

一分钟母亲笑了起来:"你说得没错。如果你要等他正确地说出'喝'之后,才给他水,情况又会怎样?"

"我想结果还是一样。"

"不错。那么你会怎么做?"

年轻女士说:"我不会等到他能正确地说出这个词时才给他水喝。"

"这就对了!如果他表现出渴的样子,只含糊地说'水,水'时,你就该赶快给他水喝。"

"而且,"一分钟母亲提醒说,"这是他学会说的第一个词。"

年轻女士说:"我想我会非常激动。我会紧紧拥抱他,说他是个了不起的孩子。实际上,我会立刻打电话给孩子的祖母,让千里之外的她也听到!"

一分钟母亲笑了起来,说:"你会这样做很正常。重要的是你的孩子会更快学会说话,因为你没有一味地等待他完全说对,而是积极地发现他做对了什么。

"你实际上做了一件非常重要的事。你没有等到学会完美的教育方法之后,才教孩子说话。你按照自己觉得对的方法去做了,而这正是做一位成功母亲的关键。

"每当我不确定自己能不能做好一件事的时候,就会想起一句话。"

"什么话?"

"很简单……

立刻去做比等到觉得自己能做好时才动手更重要

"实际上,"一分钟母亲继续说,"你越是经常称赞孩子——即使他们的行为并不完美——他们就能越快地学会欣赏自己。

"我们都需要得到别人真心的赞赏,即使我们所做的事在大千世界里显得微不足道。

"当然,你不会希望孩子十岁时,到餐厅点饮料还只会说'水'。"

年轻女士想到那滑稽的场面,不禁笑了出来。

"所以,你会鼓励他一点一点地进步。每次他有了一点点进展,你都会称赞他一番。这样过不了多久,他就会说话了。"

"我忘了祝贺你,"一分钟母亲说,"因为你刚才说,当你的孩子说出第一个字的时候,你想做的第一件事就是拥抱他。这太好了!"

"这个很重要吗——我是说身体的接触?"年轻女士问。

"我的意思是,如果我的孩子已经长到十几岁,他会觉得拥抱很别扭,这样做还合适吗?肢体接触在一分钟称赞中究竟有多重要?"

"肢体接触非常非常重要！"一分钟母亲说,"实际上,曾经有一项有趣的研究有力证明了肢体接触的神奇作用。

"十五世纪的时候,有一位国王想知道人是如何开口说话的。如果从来没有听过别人说话,那么他们能否自己开口说话。于是,他命人找来一些婴儿,分成两组隔离了起来。

"他命人用通常的方法抚养第一组婴儿,但对第二组婴儿却采取了不同寻常的方法。

"他派保育员打扫婴儿房,给婴儿喂东西,但是让她们不要有表情,也不能说话,而且做完就立刻离开。这些孩子从来没有和人有过身体上的接触,只是孤零零地躺在那里,过了一个月又一个月。"

年轻女士皱起了眉头,说:"听起来这更像是一个残酷的实验,而不是正当的科学研究。我对第二组被人忽视的婴儿非常同情。"

"你是对的。确实很残酷。你知道第二组婴儿后来怎么样了吗?"

"首先,我觉得他们不会顺利地学会说话,"年轻女士回答,"而且,我想他们长大后也不会成为很快乐的人。"

"为什么?"一分钟母亲问。

"因为我觉得小孩子需要有人抱、跟他们说话、逗他们玩……总之,需要让他们觉得自己很重要。"

然后她问:"那些孩子后来到底怎么样了?"

"一年后,他们全都死了。"

年轻女士惊呆了,她咽了一下口水,有些不敢相信:"您说什么?"

"你没听错,"一分钟母亲轻声说,"第一组婴儿的存活率很正常,第二组婴儿虽然也得到了必要的物质满足——衣食饱暖——但是在一年之后,全都死了。"

"我的天呐!"年轻女士惊叫了一声,"这太不人道了!"她想了想,又问:"那些婴儿为什么会死?"

"现代医生和行为学家在一些由于各种原因而受到忽视的孩子身上,也看到了同样的结果,"一分钟母亲解释说,"根据对生病和健康孩子的观察,他们相信如果没有'联系',孩子就不会很好地发育。"

"我没听明白。"年轻女士承认。

"对这一点,我们可能都不太明白,"一分钟母亲说,"不过,这里所说的'联系'主要是指一种情感纽带,它存在于完全依靠他人才能存活的婴儿和直到孩子独立都要给他们关怀和照顾的成人之间。

"显然，不管是在心理上，还是身体上，孩子只有得到关爱才能成长。如果得不到足够的爱，那么无论身体还是心理，都不会很好地发育。如果完全得不到爱，则根本活不下去。"

"我以前不知道身体接触有这么重要。"年轻女士承认。

"身体接触大概是最真诚的一种沟通方式，"一分钟母亲说，"因为它真诚，所以有力。"

"许多研究都揭示了身体接触的力量，"一分钟母亲接着解释，"在其中的一项研究中，行为学家故意在公共电话亭里留下一枚十美分硬币，然后问之后走出电话亭的每个人有没有看到那枚硬币。

"行为学家用两种不同的方式跟这些人进行沟通。问每一个人同样的问题：'对不起。你看到我掉的十美分了吗？'同时与其中一些人进行肢体接触，而对另外一些人则不会。"

"他们的反应有什么不同吗？"年轻女士问。

"是的,差别相当大。在没有肢体碰触的人中,只有不到50%的人承认自己看到了硬币。而在那些有肢体碰触的人中,却有超过90%的人微笑着把硬币还给了失主。"

"这太神奇了,"年轻女士说,"似乎有了身体上的接触,人们就会觉得彼此更加亲近,所以更愿意为对方着想。我们有时候觉得自己被什么人'触动'了,就是这个意思吧。"

"可能是吧。不过,要记住,"一分钟母亲提醒说,"越是真诚,身体上的接触对人的影响就越大。"

"还有一件有趣的事,"一分钟母亲继续说,"虽然身体接触很重要,但你同样也可以用眼神来打动孩子——只要注意到他们就可以了。给孩子关注很容易做到,但大多数家长都不知道它的重要性因而不常去做。

"我现在仍然经常做一件简单而重要的事,来提醒自己这一点……

我每天不时抽出一分钟

来注视孩子们的脸

"孩子非常需要得到别人的承认，"一分钟母亲说，"一个母亲能给孩子的最大关爱就是'关注'他们、称赞他们。"

"当然，人们通常认为关爱孩子是母亲的天性，"一分钟母亲补充说，"我也从关爱孩子的过程中得到了很多乐趣。

"但是，除此之外，还有的一件事同样重要。我总是希望我的孩子们能够记住一件事——我也需要别人的关爱。

"所以，我会请孩子们记住这一点，而她们也能真实地体会到这一点——称赞我、给我拥抱，告诉我她们对我所做的一切有多么感激。

"每当她们来到我面前拥抱我，对我说'你是个了不起的母亲。我爱你，妈妈'的时候，"一分钟母亲说，"我也会让她们知道，这样做让我有多开心。"

"她们会这样做吗？"年轻女士好奇地问。

"是的，她们会。实际上，她们现在仍然经常这么做！

"你知道我是怎么提醒孩子们这一点的吗？"

"您是怎么做的?"年轻女士很想知道。

"我在冰箱上贴了张大纸条。"

"快告诉我,"年轻女士微笑着说,"您在纸条上写了什么?"

一分钟母亲在一张纸上写了几个字,递给她。

母亲也是人

"我喜欢这句话，"年轻女士说，"我也应该记住这句话。"

"如果一分钟称赞能够帮助孩子们得到更好的自我感觉，"她继续说，"那干吗不用同样的方法让家长也得到更好的自我感觉呢？他们完全有理由得到！

"这样做也可以让孩子有机会知道称赞别人是怎么回事。"

"而且，孩子还会明白，一分钟称赞最妙的地方就在于，它能带来非常好的效果，"一分钟母亲说，"当家长做了什么事得到孩子的称赞后，他们会继续这样做。反正我会！"

"真不可思议，"年轻女士说，"听您说了这么多，自己再想想，我已经很清楚一分钟称赞为什么对家长和孩子都有效了。"

她面带微笑地沉默了许久，又开口问："那么一分钟批评呢——它为什么会有效？"

一分钟母亲也笑了："我就知道你要问这个。"

让孩子愿意承担责任

"一分钟批评之所以有效,有两个重要原因,"一分钟母亲说,"它可以缓解压力,也能促进成功。"

"我不太明白,"年轻女士说,"我觉得批评是在高压的气氛中进行的,为什么说它能缓解压力呢?我倒是觉得它会增加压力。"

"你不妨听我说说我最喜欢的电视广告。"一分钟母亲说。

年轻女士笑了,她知道自己又要学到新东西了。

"那是一个发动机润滑油的广告。有个人拿着一罐高品质的润滑油,建议观众购买。他说多花这几个钱是值得的。他还保证说,用了这种润滑油,汽车肯定能跑得非常好——这样车主就能免去许多麻烦。"

她继续说:"你知道我对发动机润滑油这种东西有多不感兴趣吗?"

年轻女士笑了起来:"我明白您的意思了。您只想让车顺利地行驶——不带任何麻烦。"

"我们不都是这样嘛!"一分钟母亲表示赞同,"实际上,我真正希望的是,根本不用费心去保养。我只想要一辆能顺利行驶的车,而接下来这个广告说出了我的心里话。"

"他说了什么?"

"那个人接着把脸凑到镜头跟前,小声说:'你可以现在付钱……或者……'

"这时,画面切换到另一个场景:整个发动机被从车内缓缓取出。同时,那个人的声音继续说:'……或者等到这时再付钱!'"

一分钟母亲笑着说:"当然,生活中许多事情都是这样。我们可以选择现在花一小笔钱,也可以选择以后付一大笔钱。

"一分钟批评之所以有效,是因为它可以让你立刻去纠正孩子不好的行为,以免将来面对许多家庭不得不面对的严重问题。也就是现在付出较小的代价，来避免以后更大的损失。"

"当然，当大麻烦到来时，"年轻女士说，"就不只是孩子自己的问题了，而会影响到整个家庭，变成全家必须共同面对的问题。"

"确实如此。

"我们以发动机润滑油为例，"一分钟母亲提议，"一辆车在正常行驶中会导致发动机的磨损。而润滑油可以减少机件之间的摩擦，让它们运转得更顺畅，从而减少损耗。然而，如果我们忽视润滑油的作用，就难免会增加损耗，最终使整个发动机报废。"

"对待孩子也是一样的道理，"一分钟母亲解释说，"他们在日常生活中总会出现各种各样的差错，就像机器的损耗一样，迟早会带来问题。这也是成长的一部分。

"当我们对问题置之不理时，它们就会恶化！"

"最关键的不是那些问题，而是我们对待问题的态度，"一分钟母亲继续说，"这也是我喜欢一分钟批评这种方法的原因。它能用一种愉快的方式来处理那些让人不快的问题。"

"批评怎么可能是愉快的呢？"年轻女士不解地问。

"在回答这个问题之前，"一分钟母亲说，"我要先问你一个问题：孩子最怕什么？"

"我不知道。"年轻女士回答。

"想想你自己。你小的时候，最害怕什么？"

年轻女士想了想。"很小的时候，"她说，"我曾经觉得自己不正常或是有什么毛病，因为我很怕父母把我一个人丢下，比如丢在超市之类的地方，让我找不到回家的路。

"他们晚上出去的时候，会请人来看着我，然后我就担心他们再也不会回来了。我知道这听起来很奇怪，但我现在还记得当时的感受。"

"这些让你感到害怕，是吗？"

"是的。当然，我的父母对我很好，他们从来没有把我丢下，可我当时还是忍不住害怕。"

"你有这种感觉很正常。被抛弃确实是孩子最恐惧的事！

"而这正是一分钟批评非常有效的原因。尽管孩子犯了错，也许那个错误还很严重，但他们并没有受到父母的冷落，也没有被抛弃。

"成功运用一分钟批评的关键就在于，把孩子的行为和孩子本身的价值分开对待。

"让孩子感觉到自己的行为是坏的，但他们本身是好的。"

年轻女士说："完全正确！这样的话，孩子就会觉得自己很安全。"

"是的，"一分钟母亲很赞同，"这也是一分钟批评的后半部分为什么那么重要的原因。"

"就是您对孩子说'你是个好孩子，我非常爱你'那一部分吗？"

"是的，这对于任何有效的批评来说都是非常重要的一部分。"

"为什么？"年轻女士好奇地问，"如果母亲只是明确地让孩子知道，他的行为让她有多生气，此外什么也不说，又会怎么样？"

"其实大多数母亲都是这么做的，通常也不会管用。你可能也注意到了，这样会让孩子更想为自己的行为辩护，也更加怨恨家长。"

"这中间的差别看起来似乎微不足道，"一分钟母亲接着说，"但是小的差别往往能造成大不相同的结果。"

年轻女士笑着说："就像电话亭里的两个女人的故事。"

这回轮到一分钟母亲不明白了："你说什么？"

"一个女人只有九美分……"

一分钟母亲也会心地笑了："……而另一个女人正好有十美分！"

年轻女士点点头，说："这就是很小的差别造成了很大不同。"

"这个例子举得好极了。"一分钟母亲说。

"所以，"年轻女士总结说，"您想说的就是，在批评孩子的时候，能否让他们在因为坏行为受到责备的同时保持良好的自我感觉，是批评是否奏效的关键。"

"非常正确！"一分钟母亲回答，"你知道这一点为什么这么重要吗？"

"不太清楚。"年轻女士回答。

"你挤一个橙子的时候会发生什么事？"一分钟母亲问，"你会得到什么？"

"橙汁，"年轻女士一面回答，一面暗想，"又来了。"她喜欢一分钟母亲这种把她本来知道、但一直没有想到的东西引导出来的方法。这让她感觉非常好。

"当然是橙汁，"一分钟母亲又问，"你能挤出西柚汁吗？"

"不，当然不能。从橙子里怎么能挤出西柚汁？"

"要是我们用力挤呢？"

年轻女士笑了起来，说："那只会浪费时间。我们已经知道从橙子里面能挤出什么东西了。"

"想想你刚才说的话，"一分钟母亲建议说，"我们都知道，对一个东西施加压力，只能挤出它本来就有的东西。

"当适当的压力施加到孩子身上，只能挤出孩子本身具有的东西——自尊。"

"作为家长，我们的任务很简单，"一分钟母亲说，"就是培养孩子的自尊和自信。

"自信的孩子自我感觉会很好，而且会主动自律，这样一来，家长的工作就简单多了。

"在了解一分钟教育的三个诀窍的过程中，你可能听到过许多次，自我感觉良好的孩子更愿意自律。他们长大以后也会过得更快乐，做事更加高效。同时，他们还能给家长带来快乐。"

一分钟母亲又补充说："当然，最重要的家长并不是你。"

年轻女士惊讶地说："您不会觉得最重要的家长是父亲吧。"

一分钟母亲笑了起来。"不，父母双方对孩子来说同样重要。实际上，一分钟教育方法的最大优点就是，不论是父母双方，还是只有一方使用，这些方法都能奏效。

"不过，对你的孩子来说，最重要的家长并不是你们，"一分钟母亲解释说，"而是孩子内心的那个'家长'。这个家长会陪伴孩子到任何地方，并在他面对任何事情的时候帮助他做出决定。

"你要做的不是管教孩子，而是帮助他们培养自律能力。开始的时候，你的管教可以为孩子提供自律的范本，但这只是漫漫长路的第一步，是为了通往更重要的目的地——培养自我约束的意识。

家长更应该重视的
不是孩子在你面前的表现

"清楚自己的表现究竟好不好,可以帮助孩子更好地培养判断力。"

"这种做法是双向的吗?"年轻女士问,"我的意思是,您的孩子们也会直接把她们对您行为的看法告诉您吗?"

"当然!"一分钟母亲回答,"而且这点非常重要。如果孩子觉得家里有什么事情不对劲,但把愤怒或烦恼埋在心里,那她们就会变得非常不好相处,闷闷不乐,听不进别人的话,做什么事都充满怨气。"她笑了笑,接着说:"你会感觉她们就像受了什么折磨一样。

"有时候,我有很多事情要忙,所以会忽视一些对孩子来说很重要的事。在她们看来,就好像我并不关心她们。

"不过,当她们把事情摆在桌面上说清楚之后,我们往往会发现这其实只是一个沟通上的问题,而不是谁不关心谁的问题。"

"我想,这样一来,问题也就迎刃而解了。"年轻女士说。

"是的。我明确地告诉孩子们,虽然我希望她们尊重我,但她们也可以坦白地把自己的想法告诉我,条件是不能攻击我的人格。当她们尊重我的时候,我也会认真去听她们想说的话。"

"这么说,孩子跟您讲话时,您确实会认真倾听。"

"是的。我希望她们认真听我说话,而让她们这样做的最好办法就是……"

"您也倾听她们。"年轻女士接口说。

一分钟母亲微笑着说:"我觉得阿尔贝特·施韦泽[①]的那句话说得最好:

[①] 阿尔贝特·施韦泽(Albert Schweizer,1878-1965),德国哲学家、神学家、医生。1952年获得诺贝尔和平奖。

孩子会通过三种方式学习
——模仿，模仿，还是

"模仿?"年轻女士接着说。

一分钟母亲说:"不错。我能让孩子看到的最好例子就是,我们大家都可以生气,可以表达自己的感情,即使是消极的感情也可以安全地表达,只要她们在这种感情刚刚萌芽的时候就及时表达出来。"

年轻女士说:"我觉得,随时表达自己的感受,还可以帮助母亲避免因为压力过大而粗暴地对待孩子。

"我的意思是,据我所知,母亲在精神或肉体上虐待孩子的情况虽然令人难以置信,却是客观存在的。其中最大的一个原因就在于,她们把太多的负面情绪强压在心里,直到有一天再也压抑不住时,就会出乎意料地爆发出来。"

"你说的这点非常重要。运用一分钟批评这种非暴力的管教方法确实有两个好处:既能减轻母亲的心理压力,又可以通过爱的方式来教育孩子。"

"而且两者是同时进行的!"年轻女士说,"一分钟批评还有一点很棒,就是不会让母亲有负罪感。她不必担心孩子会在不好的自我感觉中成长,也不会像其他母亲那样觉得对不起孩子,因为她知道自己帮助孩子建立了宝贵的自尊,而这将引导他们独立地走向成功的生活。

"或许您会对这个感兴趣,"年轻女士说着,指了指笔记本上的一句话,"这是我自己想的一句话,用来提醒我自己目标(一分钟目标)和结果(一分钟称赞和一分钟批评)是如何影响人的行为的。"

目标引发行为

结果巩固行为

"写得非常好!"一分钟母亲感叹道。

"是吗?"年轻女士还希望听到更多的称赞。

一分钟母亲说:"对不起,我实在没有那么多时间重复自己的话。"

年轻女士本以为会受到称赞,结果却发现自己正在接受温和的一分钟批评,而这正是她想避免的。

聪明的她不动声色地问:"您说什么?"

她们对视了一会儿,同时笑了出来。

"我喜欢你,"一分钟母亲说,"你很有幽默感。你想学习正确地对待自己和孩子的方法,但也并没有因此而变得过于严肃。"

"告诉我,"她继续说,"你的孩子还有多久出生?"

"三个月。"年轻女士回答。

一分钟母亲说:"你会成为一位很棒的母亲。你的孩子非常幸运!"

道别的时候,两个人怀着对彼此的欣赏和尊重拥抱了很久。

3

新的一分钟母亲

在之后的几年里,年轻女士把自己学到的东西运用到了生活中,她也因此得到了丰厚的回报。

因为,这是必然发生的事。

她也成了一位一分钟母亲,这不仅是因为她知道应该怎样做,更是因为她确实按照这些方法去做了。

她鼓励孩子设定一分钟目标。

她给孩子一分钟称赞。

她对孩子进行一分钟批评。

她知道,要做一位好母亲,一分钟是远远不够的。但是,她很快就发现,用一分钟方法与孩子沟通,可以使自己同孩子相处的每一分钟都更加有效。

她拥抱孩子们,简单直接地陈述事实,明确地表达自己的感情,常常跟孩子们一起欢笑。

最重要的是,她鼓励孩子们也用这三种方法同她沟通。

她甚至总结出了一分钟教育的"游戏策略"。她把这些策略复印了很多份,给每个孩子一份,用来提醒他们:生活不仅是一次无价的探险,值得大家珍惜和尊重,它还是一场有趣的游戏,能让每个人从中得到乐趣。

一分钟母亲的"游戏策略"

教孩子们学会自信和自律。
自己也在这一过程中得到乐趣。

- 针对孩子们的行为设定目标、给予称赞、进行批评。
- 简单地说明事实,明白地表达感情。
- 经常拥抱孩子们,和他们一起欢笑。

鼓励孩子们也像我这样做。

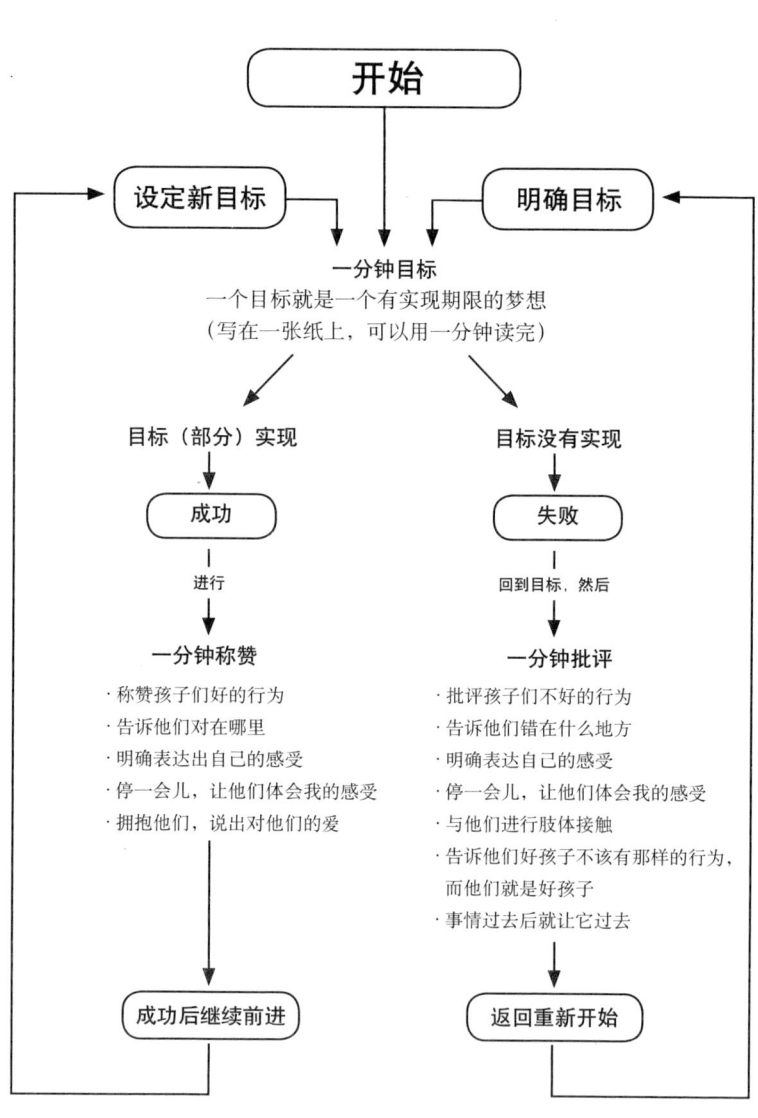

多年以后，年轻女士已经不再年轻。她开始回忆自己第一次听说一分钟教育的情形。她很庆幸自己把一分钟母亲教给她的东西都记了下来。

她把自己的笔记编成一本小册子，送给了很多人。

一分钟母亲的那位老邻居史蒂文曾打来电话说："真不知该怎么感谢你。我现在也开始用一分钟教育法了。现在家里的情况已经有了明显的改善！"

"或许你也有兴趣，"他还补充说，"我经历了一些只有父亲才会遇到的情况。虽然教育孩子的方法是一样的，但在使用这些方法的时候，父亲跟母亲在方式上还是有差别的。"

"这非常有趣！"新的一分钟母亲说，"听你这样说我想起来，原来的一分钟母亲说过，她的这些方法大部分是向她家附近的一位男士学的——人们都叫他'一分钟父亲'。

"你或许可以去找他聊聊父母在教育孩子的方式上的不同，没准儿会对你有帮助。"

史蒂文说他会的，然后向她道谢，挂断了电话。

她很高兴有父亲也开始运用一分钟教育法了。

想起从前,她笑了起来。她想起自己从原来的一分钟母亲那里学到了那么多的东西,对她非常感激。

新的一分钟母亲很高兴能把这些方法介绍给其他人。她向朋友、邻居和其他家庭赠送自己的小册子,帮助许多家庭解决了不少实际问题。

几乎所有认识她的人都知道她在做什么以及为什么这样做。他们还知道这些看似简单的一分钟教育法——一分钟目标、一分钟称赞和一分钟批评——为什么会如此有效。

那些得到一分钟方法笔记的家长,会按照自己的速度反复阅读,直到完全理解,然后把它们应用到实际生活中。一分钟母亲非常清楚反复思考对学习新东西的重要性。

当然,用这种简单而真诚的方式与别人分享知识,为她节约了不少时间,也使她的生活变得更加轻松。

附近的很多人都成了一分钟家长,并和她一样把自己知道的东西拿来与更多的人分享。

她的家庭生活变得更加愉快,附近社区的邻里关系也变得更加和谐了。

这一天,新的一分钟母亲正在家里休息,她突然觉得自己无比幸运。她给了自己一件礼物,让自己做事变得更有效率。

现在她有更多的时间来思考和计划——为家人提供帮助。她还有时间锻炼,让自己的身体保持健康。她不再像有些母亲那样承受身体和心理上的巨大压力。她还知道,那些也在应用一分钟方法的家长也和她一样过得轻松而愉快。

当然,她也把这些方法告诉了她的丈夫,鼓励他在生活中使用。他们彼此支持,共同享受着教育孩子的乐趣。

实际上,他们也用这些方法彼此沟通,效果非常显著。

他们的孩子学会了自尊和自律。

他们避免了许多家庭都面临的问题:越来越严重的困惑和挫败感。不仅如此,他们还过得非常愉快,体会到了美满的家庭生活所带来的满足和安慰。

新的一分钟母亲走出房间,在后院一边散步,一边沉思。

她对自己非常满意——不论是作为一个人,还是作为一位母亲。

她很高兴自己当初选择使用了新的沟通方法，虽然开始时感觉很不习惯。她想起自己第一次改变网球打法的时候，也觉得很不适应，好像都不是她自己了。但是通过练习，新的技巧渐渐变成了她的习惯。

现在，她为家庭做出的改变已经得到了丰厚的回报。家里的每个人都非常喜欢她、爱她。

她知道，自己之所以成了一位高效的母亲，是因为孩子们都学会了自尊和自律，这让她备感欣慰。

突然，她听到儿子在屋里叫她。已经长大成人的儿子今天是回来看望父母的。

"打扰您一下，妈妈。有个年轻人打电话来，问可不可以过来跟您和爸爸谈谈教育孩子的问题。"

新的一分钟母亲非常高兴。她知道有越来越多的人开始关心家人，关心家庭生活，其中有些人就和自己当初一样，非常想知道如何更好更有效地教育孩子。

她自己的家庭美满而幸福，大家享受彼此的关爱，朋友们也喜欢跟她们一家人在一起。

作为这样一个家庭的母亲，她感觉好极了。

"随时欢迎你。"

她对电话另一头的年轻人说。

不久,她与丈夫就和那位聪明的年轻人坐在一起聊了起来。

"我们很高兴跟你分享教育孩子的诀窍,"新的一分钟母亲请年轻人坐下,说,"不过有一个条件。"

"什么条件?"年轻人问。

"很简单,"新的一分钟母亲回答,"你必须……

把它和其他人分享

The End

图书在版编目(CIP)数据

好妈妈的一分钟/(美)约翰逊著;周晶译.-海口:南海出版公司,2016.9
ISBN 978-7-5442-8335-9

Ⅰ.①好… Ⅱ.①约…②周… Ⅲ.①家庭教育
Ⅳ.①G78

中国版本图书馆CIP数据核字(2016)第108301号

著作权合同登记号　图字:30-2004-9

THE ONE MINUTE MOTHER by Spencer Johnson, M.D.
Copyright © 1983 by Candle Communications Corporation
Published by arrangement with William Morrow,
an imprint of HarperCollins Publishers, Inc., USA
through Bardon-Chinese Media Agency
ALL RIGHTS RESERVED

好妈妈的一分钟
〔美〕斯宾塞·约翰逊 著
周晶 译

出　　版	南海出版公司　(0898)66568511	
	海口市海秀中路51号星华大厦五楼　邮编 570206	
发　　行	新经典发行有限公司	
	电话(010)68423599　邮箱 editor@readinglife.com	
经　　销	新华书店	
责任编辑	侯晓琼	
特邀编辑	薛茹月	
装帧设计	朱　琳	
内文制作	田晓波	
印　　刷	北京天宇万达印刷有限公司	
开　　本	787毫米×965毫米　1/32	
印　　张	4.25	
字　　数	62千	
版　　次	2016年9月第1版	
印　　次	2016年9月第1次印刷	
书　　号	ISBN 978-7-5442-8335-9	
定　　价	36.00元	

版权所有,侵权必究
如有印装质量问题,请发邮件至 zhiliang@readinglife.com